D1749430

Liebe

IN 100 SPRACHEN

Ein besonderes Geschenkbuch
mit den schönsten Bräuchen,
Kosenamen und Sprüchen aus aller Welt

Toni Herzer

Liebe in 100 Sprachen
Copyright © 2023 Toni Herzer & LOL Verlag

Herausgeber: Lovelypubli
Kontakt: info@lovelypubli.de
Autorin: Toni Herzer
Illustration: Xenipie & Fezarenç Varan
Umschlaggestaltung: Sabina Kencana & Fezarenç Varan
Korrektorat: Dr. Hanne Tyslik
Buchsatz: Fezarenç Varan
Druck und Vertrieb: Amazon Kindle Direct Publishing

Das Werk, einschließlich seiner Teile, ist urheberrechtlich geschützt. Jede Verwertung ist ohne Zustimmung des Herausgebers unzulässig. Dies gilt insbesondere für die elektronische oder sonstige Vervielfältigung, Übersetzung, Verbreitung und öffentliche Zugänglichmachung.

Bibliografische Informationen der Deutschen Nationalbibliothek:
Die Deutsche Nationalbibliothek verzeichnet diese Publikation in der Deutschen Nationalbibliografie; detaillierte bibliografische Daten sind im Internet über den Katalog der Deutschen Nationalbibliothek abrufbar.

Inhalt

A

Ägypten 07
Äthiopien 08
Afghanistan 09
Alaska 10
Algerien 11
Angola 12
Arabien 13
Argentinien 14
Arizona (USA) 15
Arktis 16
Australien 17

B

Bangladesch 18
Belgien 19
Bermudainseln 20
Bhutan 21
Bolivien 22
Borneo 23
Bosnien-Herzegowina 24
Brasilien 25
Burundi 26

C

Chile 27
China 28

D

Dänemark 29
Deutschland 30

E

Ecuador 31
Elfenbeinküste 32
England 33
Estland 34

F

Finnland 34
Florida (USA) 35
Frankreich 36

G

Gambia 38
Ghana 39
Griechenland 40
Guinea 41

H

Hawaii 42

I

Indien 42
Indonesien 44
Iowa (USA) 45
Irland 46
Island 47
Italien 48

J

Jamaika 49
Japan 50

K

Kalifornien (USA) 51
Kamerun 52
Kanada 53
Kolumbien 54
Kongo 55
Korea 56
Kroatien 57
Kuba 58

L

Lettland ... 59
Liberia ... 60
Litauen ... 61

M

Madagaskar ... 62
Malaysien ... 63
Mexiko ... 64
Michigan (USA) ... 65
Moldawien ... 66

N

Namibia ... 67
Nepal ... 68
Neuseeland ... 69
Niederlande ... 70
Niger ... 71
Nigeria ... 72
Norwegen ... 73

O

Österreich ... 74

P

Pakistan ... 75
Paraguay ... 76
Persien ... 77
Peru ... 78
Philippinen ... 79
Polen ... 80
Portugal ... 81

R

Rumänien ... 82
Russland ... 83

S

Schottland ... 84
Schweden ... 85
Schweiz ... 86
Senegal ... 87
Serbien ... 88
Sibirien ... 89
Simbabwe ... 90
Slowakei ... 91
Spanien ... 92
Südafrika ... 93
Sudan ... 94

T

Taiwan ... 95
Tansania ... 96
Thailand ... 97
Tibet ... 98
Tschechien ... 99
Türkei ... 100
Tunesien ... 101

U

Ukraine ... 102
Ungarn ... 103

V

Venezuela ... 104
Vietnam ... 105

W

Wales ... 106

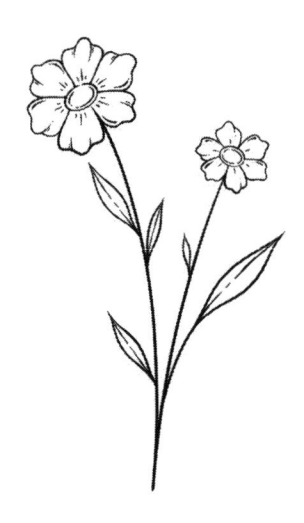

ÄGYPTEN

Ich liebe dich auf Nubisch: EKADOLI

Mein Herz springt eilends,
sobald ich an meine *Liebe* zu dir denke.
Es lässt mich nicht wie ein Mensch gehen
und hüpft auf seinem Platz.
„Halte nicht an! Du erreichst das Ziel!"
sagt es mir, so oft ich an ihn denke.
Mach mir, mein Herz, keinen Kummer!
Warum handelst du töricht?

(Altägyptisches Liebeslied)

ÄTHIOPIEN

Ich liebe dich auf Amharisch: IWEDISHALEHU

„Kaffee und die *Liebe* schmecken am besten heiss."

(Äthiopisches Sprichwort)

AFGHANISTAN

Ich liebe dich auf Paschto: YA AAHEBEK

زه ستا سره مینه لرم

„Es gibt einen Weg
von Herz zu Herz."

(Afghanisches Sprichwort)

ALASKA

Ich liebe dich auf Alutiiq: QUNUKAMKEN

In Alaska ist es Mäusen
gesetzlich verboten,
auf den Bürgersteigen der Stadt
der geschlechtlichen
Liebe nachzugehen.

ALGERIEN

Ich liebe dich auf Berberisch: LAKH TIRIKH

„Aus der
Hand eines Freundes
ist ein Stein ein Apfel."

(Algerisches Sprichwort)

ANGOLA

Ich liebe dich auf Umbundu: AME NDU KU SOLE

„Das Lied von denen,
die ich *liebe* ist
nie weit entfernt."

(Angolanisches Sprichwort)

ARABIEN

Ich liebe dich auf Arabisch: ANA BEHIBEK

أحبك

YA'ABURNEE

"Mögest du mich begraben"

bezeichnet den Wunsch, vor der geliebten Person zu sterben, um nicht ohne sie leben zu müssen.

---

falloutsi („mein kleines Huhn")

ARGENTINIEN

Ich liebe dich auf Mapudungun: INCHEPOYENEIMI

„Keine Frau kann aus einem
Narren einen Weisen machen.
Aber jede Frau kann aus einem
Weisen einen Narren machen."

(Argentinisches Sprichwort)

ARIZONA (USA)

Ich liebe dich auf Navajo: AYOR ANOSH'NI

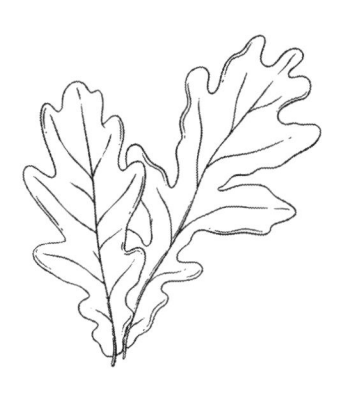

„Der Name Gottes macht keinen
Unterschied, da die *Liebe*
der wahre Gott der ganzen Welt ist."

(Sprichwort der Apachen)

ARKTIS

Ich liebe dich auf Grönländisch: ASAVAKKIT

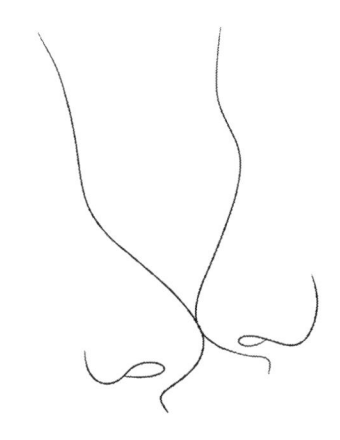

Bei einigen Gruppen der Ureinwohner
der Arktis (Inuit) gibt es den Nasenkuss.
Dieser Riechgruß ist eine Form
der liebevollen Begrüßung und auch
in anderen Teilen der Welt verbreitet,
besonders bei indigenen Gruppen in
Neuseeland, Tibet oder der Mongolei.

AUSTRALIEN

Ich liebe dich auf Yolngu: ᴅARRA DJÄL NHUNA

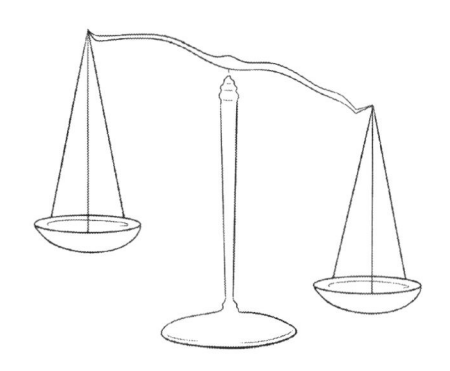

In Pintupi, einer Aborigine-Sprache,
gibt es den Begriff *kanyininpa*.
Er bezeichnet eine ganz
besondere Art der Beziehung:
die Balance von
Halten und Gehaltenwerden,
Geborgenheit und Freiheit.

BANGLADESCH

Ich liebe dich auf Bengali: ĀMI TŌMĀKĒ BHĀLŌBĀSI
আমি‌তোমাকে ভালোবাসি

„Das Boot der Zuneigung kann
Berge hinauffahren."

(Bengalisches Sprichwort)

BELGIEN

Ich liebe dich auf Niederländisch: IK HOU VAN JOU

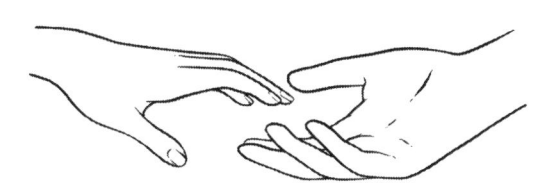

„Die wahre *Liebe* wärmt,
ohne zu verbrennen."

(Belgisches Sprichwort)

„*mijn bolleke*" („mein kleines, rundes Ding")

BERMUDAINSELN

Ich liebe dich auf Englisch: I LOVE YOU

Auf den Bermudainseln darf bei einer
Hochzeit eine Hochzeitstorte nicht fehlen.
Die Besonderheit: In diese wurde ein echtes
Bäumchen eingearbeitet! Dieses wird
nach der Feier in den Garten des jungen
Ehepaars eingepflanzt und gilt als
Lebensbaum der Familie.

BHUTAN

Ich liebe dich auf Dzongkha: NGA GI CHE LU GA

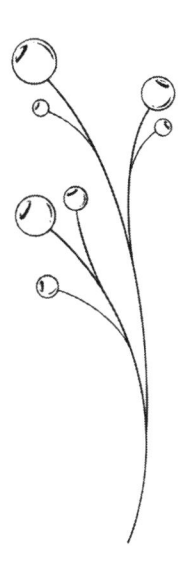

Der jüngere Bruder
darf keinen Sex haben,
wenn der Ältere
noch Jungfrau ist.

(Gesetz in Bhutan)

BOLIVIEN

Ich liebe dich auf Quechua: KUYAYKIM

„Wenn du nicht weißt,
wie man liebt,
wirst du deine
Liebe verlieren."

(Sprichwort bei den Quechua)

BORNEO

Ich liebe dich auf Indonesisch: AKU CINTA KAMU

Bei den Tidong in Indonesien gibt es einen eher unangenehmen Hochzeitsbrauch: Braut und Bräutigam dürfen vor ihrer Hochzeit
drei Tage nicht mehr aufs Klo!
Wer die Klo-Challenge besteht, kann sich auf eine langwährende Ehe freuen.
Ein Scheitern bedeutet Unglück.

BOSNIEN-HERZEGOWINA

Ich liebe dich auf Bosnisch: VOLIM TE

„*Liebe* zu säen reicht nicht,
sie muss auch
gegossen werden."

(Bosnisches Sprichwort)

BRASILIEN

Ich liebe dich auf Portugiesisch: EU TE AMO

„Die *Liebe* ist blind,
du musst deinen Weg fühlen."

(Brasilianisches Sprichwort)

BURUNDI

Ich liebe dich auf Kirundi: NDAGUKUNDA

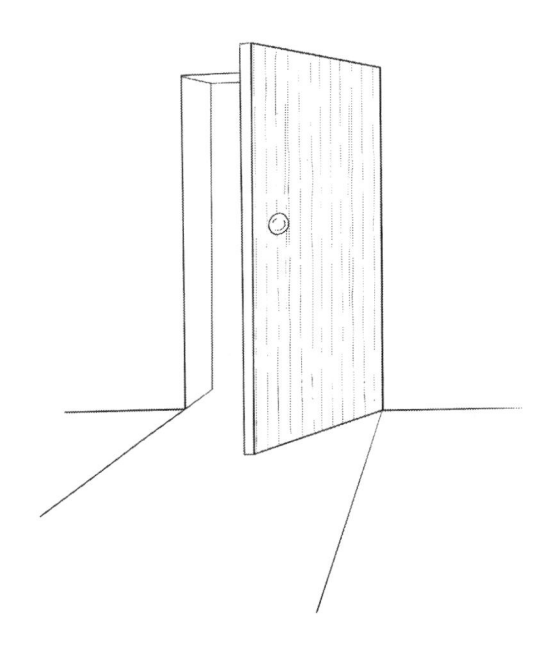

„Wo es *Liebe* gibt,
ist keine Dunkelheit."

(Burundisches Sprichwort)

CHILE

Ich liebe dich auf Mapudungun: INCHEPOYENEİMİ

„Wem die *Liebe* nie begegnet ist,
dem ist niemand begegnet."

(Chilenisches Sprichwort)

CHINA

Ich liebe dich auf Mandarin: Wǒ ÀI Nǐ
我爱你

In einigen Regionen Chinas ist es Brauch, dass die Braut einen Monat vor der Hochzeit täglich eine Stunde lang weint – vor lauter Glück und Vorfreude! Nach zehn Tagen wird sie dabei von ihrer Mutter unterstützt und nach weiteren zehn Tagen vergießt dann selbst die Großmutter Freudentränen.

---

xīn gān („Herzleber"): So wie ein Mensch nicht ohne Herz und Leber leben kann, ist ein xīn gān jemand, ohne den man sich sein Leben nur schwer vorstellen kann.

DÄNEMARK

Ich liebe dich auf Dänisch: JEG ELSKER DIG

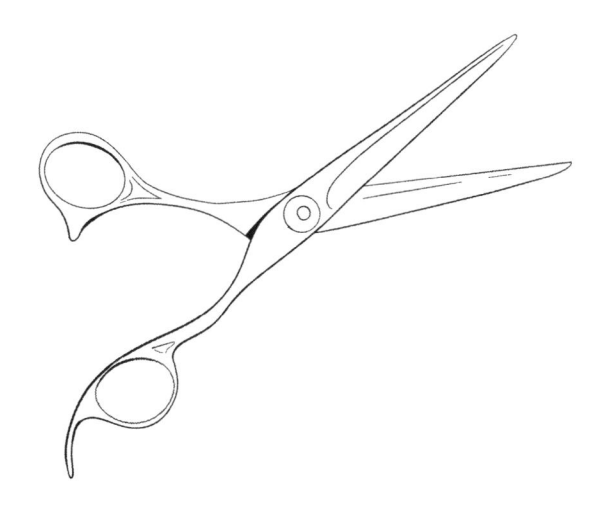

In Dänemark ist es üblich, die rechte Socke des Bräutigams zu zerschneiden. Damit soll garantiert werden, dass der zukünftige Ehemann auch treu ist. Welche Frau würde schon einen Mann mit löchrigen Socken wollen?

---

sveske („Zwetschge")

DEUTSCHLAND

Ich liebe dich auf Deutsch: ICH LIEBE DICH

„Die Summe unseres
Lebens sind die Stunden
in denen wir liebten."

(Wilhelm Busch)

ECUADOR

Ich liebe dich auf ecuadorianischem Quechua: CANDA MUNANI

Mein Liebling, du bist meine Sonne,
Dein Licht leuchtet in meinem Herzen.
Mit deiner Liebe bin ich glücklich,
Ich liebe dich jenseits aller Worte.

(Ecuadorianisches Liebesgedicht/Folklore)

ELFENBEINKÜSTE

Ich liebe dich auf Bambara: Ń B'Í FÈ

„Lieben, ohne geliebt zu werden, ist wie Regen, der in den Wald fällt."

(Sprichwort von der Elfenbeinküste)

ENGLAND

Ich liebe dich auf Englisch: I LOVE YOU

„Es ist die *Liebe*,
die die Welt zum
Drehen bringt."

(Englisches Sprichwort)

buttercup *(„Butterblume")* • hummingbird *(„Kolibri")*

ESTLAND

Ich liebe dich auf Estnisch: MA ARMASTAN SIND

In Estland ist es gesetzlich
verboten, beim Sex
Schach zu spielen.

FINNLAND

Ich liebe dich auf Finnisch: MINÄ RAKASTAN SINUA

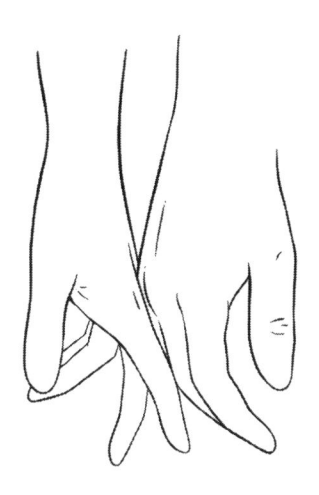

In Finnland heißt der Valentinstag *Ystävänpäivä*, was so viel wie Freundestag bedeutet. Das liegt daran, dass dieser Tag nicht nur dem Partner oder der Partnerin, sondern auch den Freunden gewidmet ist.

FLORIDA (USA)

Ich liebe dich auf Englisch: I LOVE YOU

Frauen, die Single, geschieden oder Witwe sind, dürfen an Sonntagen in Florida nicht Fallschirm springen. Wer ohne Ring am Finger springt, zahlt eine Strafe oder landet im Gefängnis.

FRANKREICH

Ich liebe dich auf Französisch: JE T'AIME

„*Liebe* bringt selbst den Esel zum Tanzen."

(Französisches Sprichwort)

---

mon petit chou oder chouchou („mein kleiner Kohlkopf") • ma puce („mein Floh")

GAMBIA

Ich liebe dich auf Mandinka: NYE KANU LAYE

In Gambia ist das Krokodil
das Liebessymbol.
Es gibt bei den Einwohnern
folgendes Sprichwort:
„Erblickst du im Fluss
ein weißes Krokodil,
kriegst du Kinder viel."

GHANA

Ich liebe dich auf Akan: MEDƆ WO

„Man liebt einen Menschen
nicht alle Tage."

(Ghanaisches Sprichwort)

GRIECHENLAND

Ich liebe dich auf Griechisch: SE AGAPÓ

ΣΕ ΑΓΑΠΩ

„Wer neidet, ist blind. Wer hasst, ist taub.
Wer zürnt, der lahmt.
Nur wer liebt, hat kein Gebrechen."

(Griechisches Sprichwort)

GUINEA

Ich liebe dich auf Fulani: MIDO YIDOUMA

„Himmel und Erde wurden
von der *Liebe* geschaffen."

(Guineisches Sprichwort)

HAWAII

Ich liebe dich auf Hawaiianisch: ALOHA WAU IA 'OE

Auf Hawaii gibt es keine Kirchen,
also auch keine Kirchenglocken,
die läuten können. Stattdessen kommt
die hawaiianische Seemuschel „Pu" zum
Einsatz. Sie wird zur Feier des Tages
von einigen Gästen geblasen. Der hohle,
tiefe Klang der Muschel
ist kilometerweit zu hören.

INDIEN

Ich liebe dich auf Hindi: MAIN AAPASE PYAAR KARATEE HOON

मैं आपसे प्यार करती हूँ

virahi: eine intensive
Liebe oder Sehnsucht,
die wir erst empfinden,
wenn wir getrennt sind.

INDONESIEN

Ich liebe dich auf Indonesisch: SAYA CINTA PADAMU

gemas: eine Zuneigung, die wir so stark und intensiv empfinden, dass wir etwas Niedliches so fest umarmen möchten, dass wir es zerquetschen.

---

buah hatiku („Frucht meines Herzens")

IOWA (USA)

Ich liebe dich auf Englisch: I LOVE YOU

In Ames, Iowa (USA), ist es einem
Ehemann gesetzlich verboten,
nach dem Sex mehr als drei Schluck Bier
zu sich zu nehmen, wenn er
seine Ehefrau im Arm hält oder
neben ihr im Bett liegt.

IRLAND

Ich liebe dich auf Irisch: TAÌM Ì' NGRA LEAT

In Irland muss die Braut auf der Hut sein, denn böse Elfen wollen sie entführen. Schützen kann sie sich nur, indem sie beim Hochzeitstanz nie mit beiden Füßen den Boden verlässt.

---

mo chuisle („mein Puls")

ISLAND

Ich liebe dich auf Isländisch: ÈG ELSKA ÞÍG

Auf Island gibt es eine App, die den Verwandtschaftsgrad zweier Isländer überprüft. Weil Island ein kleines Land mit gerade einmal knapp 400.000 Einwohnern ist und die Nachnamen keinen Aufschluss über die Verwandtschaftsgeschichte geben, könnte es schon mal passieren, dass man zufällig einen entfernten Familienangehörigen datet. Mithilfe der App Islendinga lassen sich böse Überraschungen vermeiden.

ITALIEN

Ich liebe dich auf Italienisch: TI AMO

Jedes Jahr zum 14. Februar veranstaltet der „Club di Giulietta" („Julias Club") einen Schreibwettbewerb zu Ehren des wohl berühmtesten Liebespärchens Romeo und Julia. Italiener können romantische Liebesbriefe an den Club senden – und pünktlich zum Valentinstag kürt die Jury des Clubs einen der eingesendeten Briefe zum schönsten Liebesbrief und damit zum Gewinner des Wettbewerbs.

---

microbino mio („meine kleine Mikrobe") • *patata/patato („Kartoffel")* • *cipollina („Zwiebelchen")*

JAMAIKA

Ich liebe dich auf Patois: MI LUV YUH

„Bevor du heiratest,
halte beide Augen offen,
doch hinterher drücke eines zu."

(Jamaikanisches Sprichwort)

JAPAN

Ich liebe dich auf Japanisch: AI SHITERU

愛してる

„Seit ich dich *liebe*, bin ich nur ich, wenn ich nicht mehr nur ich bin."

(Japanisches Sprichwort)

---

tamago gata no kao („Ei mit Augen")

KALIFORNIEN (USA)

Ich liebe dich auf Englisch: I LOVE YOU

In Eureka, Kalifornien, ist es Männern mit Schnurrbart gesetzlich verboten, eine Frau zu küssen.

KAMERUN

Ich liebe dich auf Kanuri: NYA RAAKNA

„Wenn *Liebe* eine Krankheit ist, ist Geduld das Heilmittel."

(Kamerunisches Sprichwort)

KANADA

Ich liebe dich auf Ni'tsiitapipo'ahsin (Blackfoot-Sprache):
KITSIIKÁKOMIMMO

Die *Liebe* kennt weder Vergangenheit noch Zukunft. Wie eine Flamme verwirklicht sie sich im Augenblick, mit ihrer unmittelbaren Schönheit. Auf diese Weise erhält und heiligt sie die gesamte Schöpfung. Lerne, den Augenblick zu leben, dann wird deine Furcht verschwinden und der Augenblick wird zur Ewigkeit. Es gibt keine andere Ewigkeit.

(Weisheit der Siksika Indigenen)

KOLUMBIEN

Ich liebe dich auf Spanisch: TE QUIERO

In Kolumbien gibt es den weit verbreiteten Brauch der Serenata. Der Bräutigam muss seiner Braut vor der Hochzeit ein Ständchen singen, am besten am späten Abend, wenn sie schon schläft. Oft taucht er dazu gleich mit einer ganzen Musikband, Freunden und Verwandten auf, sodass sich das Ganze zu einer Überraschungsparty entwickelt.

KONGO

Ich liebe dich auf Lingála: NA LINGI YO

„*Liebe* ist wie ein Baby:
Sie muss zärtlich
behandelt werden."

(Kongolesisches Sprichwort)

KOREA

Ich liebe dich auf Koreanisch: SALANGHAEYO
사랑해요

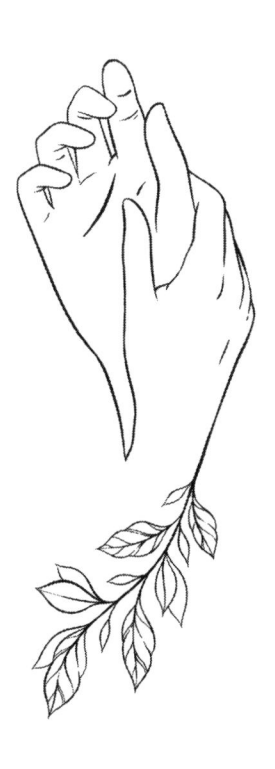

jeong: Wärme, gegenseitiges Verständnis,
Großzügigkeit und Nachsicht, freundliche
Gesten und eine tiefe, emotionale
Verbindung – eine *Liebe*,
die von all dem geprägt ist,
wird in Korea *jeong* genannt.

KROATIEN

Ich liebe dich auf Kroatisch: VOLIM TE

In Kroatien gibt es bei einer Hochzeit den Brauch, dass die Braut einen Apfel über das Haus des Bräutigams werfen muss. So kann sie beweisen, dass sie stark ist. Außerdem gilt es als Liebesbeweis und soll Glück bringen.

KUBA

Ich liebe dich auf Kreolspracahe: NA LINGI YO

„Eine *Liebe* kann ewig dauern,
braucht aber nur eine Sekunde,
um zu beginnen."

(Kubanisches Sprichwort)

LETTLAND

Ich liebe dich auf Lettisch: ES MĪLU TEVI

"Dziesma par mīlestību"
Lied über die Liebe

Ich *liebe* dich mehr als alles andere auf der Welt
Mein Herz schlägt nur für dich, du bist mein Schatz
Ich denke an dich jeden Tag und jede Nacht
Ohne dich kann ich nicht leben, du bist meine Kraft

Ich *liebe* dich von ganzem Herzen
Du bist meine Sonne, mein Licht
Ich werde dich immer lieben
Für immer und ewig, Tag und Nacht

Du bist meine Freude, mein Lachen, mein Glück
Mit dir an meiner Seite fühle ich mich stark
Ich will für immer bei dir sein, bis ans Ende meiner Tage
Ich *liebe* dich mehr als alles, das weißt du

(Traditionelles lettisches Liebeslied)

LIBERIA

Ich liebe dich auf Vai: KPOLO LƆ TĪYƐI NA SA YA KOWA FAÃ
꘠꘡꘢꘣꘤ꘐ꘥ꘕꘖ꘧꘨꘩!

„Lass deine *Liebe* wie der neblige
Regen sein, komme sanft,
aber überschwemme den Fluss."

(Liberianisches Sprichwort)

LITAUEN

Ich liebe dich auf Litauisch: AŠ TAVE MYLIU

„Wenn man *Liebe*
nicht bedingungslos
geben und nehmen
kann, ist es keine *Liebe*,
sondern ein Handel."

(Emma Goldman)

MADAGASKAR

Ich liebe dich auf Malagasy: TIAKO IANAO

„*Liebe* ist einfach wie junger Reis, pflanze sie woanders, und sie wächst."

(Madagassisches Sprichwort)

MALAYSIEN

Ich liebe dich auf Malaiisch: SAYA SAYANG AWAK

„Du kannst nicht lieben,
was du nicht kennst."

(Malaysisches Sprichwort)

MEXIKO

Ich liebe dich auf Nahuatl: NIMITZNEQUI

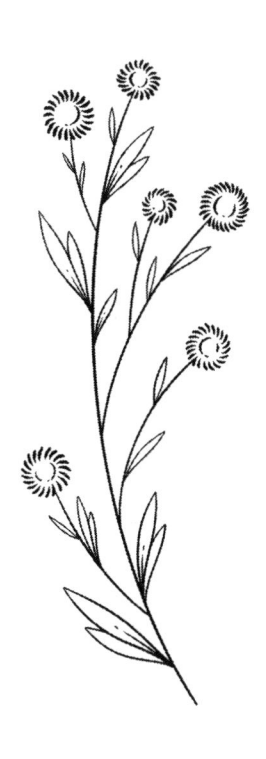

In Mexiko werden Perlen mit Tränen assoziiert. Deshalb wird es als schlechtes Omen für die Ehe betrachtet, wenn ein Hochzeitsgast Perlenschmuck trägt.

MICHIGAN (USA)

Ich liebe dich auf Englisch: I LOVE YOU

In Detroit, Michigan,
ist es Männern gesetzlich
verboten, ihre Frauen an Sonntagen
böse anzuschauen.

MOLDAWIEN

Ich liebe dich auf Rumänisch: TE IUBESC

„Die *Liebe* macht sich
in allen Sprachen verständlich."

(Moldawisches Sprichwort)

NAMIBIA

Ich liebe dich auf Afrikaans: EK HET JOU LIEF

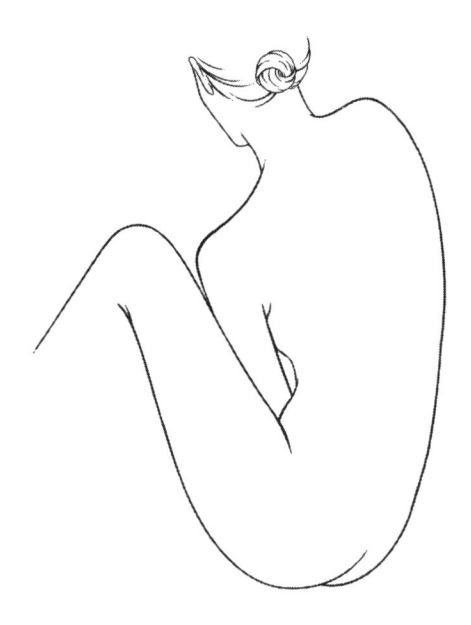

Bei den Himbas in Namibia fetten sich die Frauen als Symbol für Leben und Farbe der Erde mit einer Mixtur aus Harz, Butterfett, rotem Ocker und Duftstoffen ein. Wenn die Braut im Haus des Bräutigams eintrifft, wird sie ebenfalls von den Verwandten des Bräutigams an Armen, Bauch und Brust mit Butterfett eingecremt.

NEPAL

Ich liebe dich auf Nepali: MA TIMILAI PREM GARCHHU

„*Liebe* tief und leidenschaftlich.
Du kannst dich dadurch zwar verletzen,
aber es ist der einzige Weg,
das Leben vollkommen zu leben."

(Auszug aus nepalesischem Glückstantra)

NEUSEELAND

Ich liebe dich auf Maori: E AROHA ANA AHAU KI A KOE

Meine Seele ist von deiner Seele angezogen,
wie der Mond von der Sonne angezogen wird.
Mein Herz schlägt im Takt mit deinem Herzen,
wie das Rauschen des Meeres
mit dem Rauschen des Windes.

("Whakataukī" - ein Maori-Sprichwort)

NIEDERLANDE

Ich liebe dich auf Westfriesisch: IK HÂLD FAN DY

„Phantasie und *Liebe*
sind gute Gewürze."

(Niederländisches Sprichwort)

dropje („Lakritz")

NIGER

Ich liebe dich auf Hausa: INA SON KA(M) / INA SON KI(F)

Im Niger gibt es einen sogenannten „geerewol". Das ist ein Tanz- und Schönheitswettbewerb, um zukünftige Bräute anzuwerben. Dabei tragen die Männer Make-up und tanzen, um das andere Geschlecht anzulocken.

NIGERIA

Ich liebe dich auf Edo: N'IHIN'MWEN N'INWANWAN

Bei den Yoruba in Nigeria gibt
es ein Hochzeitsritual, bei dem die vier
Elemente des Lebens symbolisch verkostet
werden. Essig, Zitrone, Pfeffer und Honig
sollen die verschiedenen Seiten des Lebens
repräsentieren. Der Essig symbolisiert Zeiten
der Ablehnung. Mit der Zitrone verheißen die
Brautleute sich Unterstützung in Niederlagen
sowie Erfolgen. Der Pfeffer steht für die
Würze und Leidenschaft im Eheleben.
Der Honig versüßt Momente,
die man miteinander teilt.

NORWEGEN

Ich liebe dich auf Norwegisch: JEG ELSKER DEG

Veslemøy singt

Veslemøy singt, und ihr Herz ist voller Freude,
Sie liebt ihren Geliebten, ohne ihn zu sehen.
Doch wenn er in ihre Nähe kommt, dann verstummt sie,
Denn ihre Augen sagen mehr als tausend Worte.

("Veslemøy synger" von Peter Dass (1647-1707))

---

forelsket: die Euphorie von Frischverliebten

ÖSTERREICH

Ich liebe dich auf Deutsch (oberösterreichischer Dialekt):

I HOB DI GERN

Echte Liebe

Echte *Liebe* lauscht dem Chor
Himmlischer Extasen,
Echte Liebe hat kein Ohr
Fürs Gezänk der Basen.

Echte *Liebe* müht sich nicht
Mängel zu entdecken,
Späht im goldnen Sonnenlicht
Nicht nach Nebelflecken.

Echte *Liebe* lacht des Scheins,
Den Vernunft geschrieben,
Echte *Liebe* kennt nur Eins,
Treu und echt zu lieben!

(Josef „Pepi" Mauthner)

PAKISTAN

Ich liebe dich auf Urdu: HUMKO TUMSE PYAR HAI

میں تم سے پیار کرتا ہوں

naz (Urdu):
das Gefühl, wenn man weiß, dass jemand
einen begehrt und attraktiv findet

PARAGUAY

Ich liebe dich auf Guaraní: ROJHAYHÛ

In Paraguay kommen alle Generationen zusammen, um gemeinschaftlich den 14. Februar als Fest der Liebe zu feiern. Häuser und Geschäfte sind bunt geschmückt, Schule und Vereinsheime werden Stätten für fröhliche Veranstaltungen – von Sport und Spiel über lustige Paraden bis hin zu Konzerten und Sambashows. Und für den/die Liebsten schreibt man einen persönlichen Brief.

PERSIEN

Ich liebe dich auf Persisch: DOOSET DARAM

دوستت دارم.

„Zwei Herzen, die eins sind,
reißen ein Gebirge nieder."

(Persisches Sprichwort)

Moosh bokhoradet („Möge eine Maus dich essen.")

PERU

Ich liebe dich auf Aymara: MUNSMAWA

Die Liebe (El Amor)

Der *Liebe* Macht ist unsterblich,
Sie bleibt ewig, stark und klar.
Sie ist das Feuer, das unsere Herzen entfacht,
Und das Licht, das unser Leben erleuchtet.

(Ricardo Palma, Lima, Perú, 1872)

PHILIPPINEN

Ich liebe dich auf Tagalog: MAHAL KITA

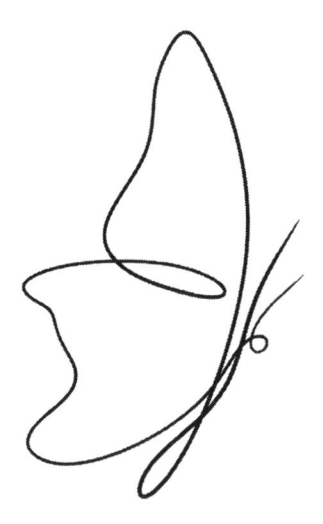

Ich liebe dich (Mahal Kita)

Ich liebe dich, mein Herz,
So sehr, dass ich es nicht in Worte fassen kann.
Die Kraft unserer Liebe ist unzerstörbar,
Sie kann Berge versetzen und Ozeane überqueren.

(N.V.M. Gonzalez, Manila, Philippinen, 1950)

POLEN

Ich liebe dich auf Polnisch: KOCHAM CIĘ

„Sich wie der Teufel in eine alte Weide verlieben": eine sich aufopfernde *Liebe*. Nach einem alten Aberglauben war der Lieblingsaufenthaltsort des Teufels ein alter, verwitterter Weidenbaum. In Gestalt einer Nachteule verkündete er der Landbevölkerung den Tod. Um den Teufel zu besänftigen, wurde manche alte Weide in Polen gepflegt und geschützt.

(Polnisches Sprichwort)

---

zabko („kleiner Frosch") • *kruszyno* („Brotkrümel") • *słoneczko* („kleiner Sonnenschein")

PORTUGAL

Ich liebe dich auf Portugiesisch: EU TE AMO

Ich begehre dich wie die Nacht den Tag,
Wie die Sonne den Morgen,
Wie das Wasser das Meer,
Wie die Liebe das Herz.

Ich begehre dich wie der Körper den Geist,
Wie der Geist den Körper,
Wie die Seele die Wahrheit,
Wie die Wahrheit die Seele.

(Liebesgedicht von Fernando Pessoa)

RUMÄNIEN

Ich liebe dich auf Rumänisch: TE IUBESC

In der rumänischen Region Bukowina streiten Schwiegermütter noch direkt auf der Hochzeit. Der Grund: Mit dem spaßhaften Streit sollen spätere Konflikte vorab aus dem Weg geräumt werden.

RUSSLAND

Ich liebe dich auf Russisch: YA TEBYA LYUBLYU
Я тебя люблю

Flüstern, leises Atemholen,
Nachtigallenschlag,
Murmeln, Rauschen, wie verstohlen,
Von dem Wiesenbach.
Nächt'ger Schatten, tiefes Dunkel
Über Feld und Au,
Holden Augenpaars Gefunkel,
Morgenfrischer Tau.
Fern am Himmel roter Rosen
Wunderbare Pracht,
Seufzer, Tränen unter Kosen –
Und der Tag erwacht!

(Afanassij Fet Schenschin)

SCHOTTLAND

Ich liebe dich auf Schottisch-Gälisch: THA GAOL AGAM ORT

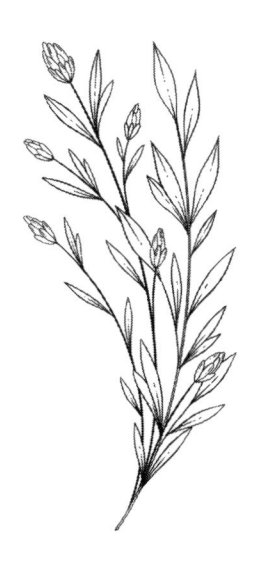

In Schottland tragen weder das Brautpaar noch die Gäste grüne Kleidung. Auch am Buffet wird man vergebens nach grünen Leckereien Ausschau halten. Einer Sage nach ist die Farbe Grün den Elfen vorbehalten. Um diese am Hochzeitstag nicht zu verärgern, wird sicherheitshalber auf alles, was grün ist, verzichtet.
Einzige Ausnahme: der Brautstrauß.

SCHWEDEN

Ich liebe dich auf Schwedisch: JAG ÄLSKAR DIG

Zum Mittsommer in Schweden schenkt man nicht der geliebten Person, sondern sich selbst Blumen. Es müssen sieben verschiedene Sorten von sieben verschiedenen Wiesen sein. Wenn man diese unter das Kopfkissen legt, sollen sie magische Kräfte entfalten. Laut schwedischem Aberglauben erscheint jungen Frauen im Traum dann der Mann, den sie mal heiraten werden.

sot nös („Süßnase")

SCHWEIZ

Ich liebe dich auf Rätoromanisch: JEU CAREZEL TEI

Liebe

Liebe
gibt und nimmt
mit unberechnender Einfalt;
Liebe
lebt in der Lust, zu erfreun
erfreuende Liebe;
Liebe
liebt das Geringste, getan
mit herzlicher
Liebe!

(Johann Caspar Lavater)

SENEGAL

Ich liebe dich auf Wolof: DAMALA NOB

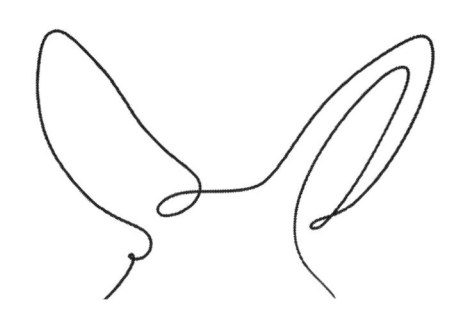

„Die *Liebe* ist ein Esel ohne Zügel."

(Senegalesisches Sprichwort)

SERBIEN

Ich liebe dich auf Serbisch: JA TE VOLIM
Ја те волим.

Hochzeitslied (Svatovska)

Lass uns zusammen tanzen, mein Schatz,
Lass uns das Leben feiern.
Denn heute ist unser Hochzeitstag,
Unser Tag voller Glück und Freude.

Ich habe dich mehr geliebt, als ich es in
Worte fassen kann,
Ich werde dich immer lieben, bis zum
Ende meiner Tage.
Du bist das Licht in meinem Leben,
Meine Sonne, mein Mond und meine Sterne.

Lass uns weiter tanzen, unter dem
Klang der Musik,
Lass uns das Leben genießen,
zusammen, für immer.
Denn ich bin dein und du bist mein,
Für immer und ewig, mein Schatz.

(Serbisches Volkslied)

SIBIRIEN

Ich liebe dich auf Sakha: MIN EJIIGIN TAPTЫЫBЫN

Мин эйиигин таптыыбын.

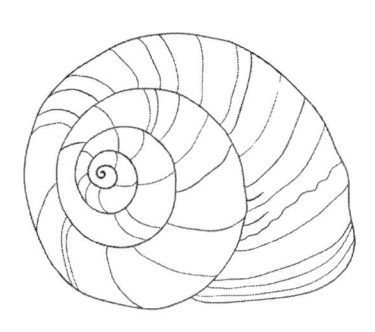

In Nord-Sibirien ist es Brauch, dass Frauen einen Mann, mit dem sie flirten wollen, mit Feldschnecken bewerfen. So wollen sie die Aufmerksamkeit des Angebeteten erhaschen. Verliebte Frauen sorgen mit dieser Aktion für eine erste Kontaktaufnahme und zetteln z.B. ein Gespräch an.

SIMBABWE

Ich liebe dich auf Shona: NDINOKUDA

Am Valentinstag sind Mal- und Kochwettbewerbe in Simbabwe gang und gäbe. Neben verschiedenen Wettbewerben gibt es multikulturellen Volkstanz, Ausstellungen und viele abwechslungsreiche Aktionen. Aber auch die Ernsthaftigkeit kommt nicht zu kurz, denn im Zeitraum um den Tag der *Liebe* widmen sich die Menschen auch den sozialen Problemen und Herausforderungen.

SLOWAKEI

Ich liebe dich auf Slowakisch: L'ÚBIM T'A

In der Slowakei begrüßen ältere Herren Damen
noch häufig mit einer abgewandelten Form
des altösterreichischen Küss die Hand.
Ausgesprochen wird dabei nur der Anfang
des Satzes „Ich küsse" (bozkavam).
Die gedachte Fortsetzung
„Ihre Hand" wird weggelassen
– wie auch die Aktion selbst.

SPANIEN

Ich liebe dich auf Spanisch: TE QUIERO

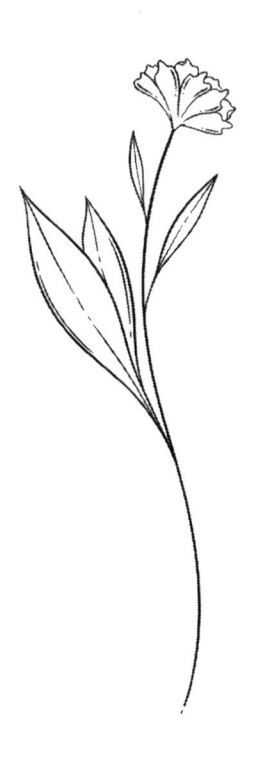

„Die *Liebe* ist der einzige Schatz,
den man nicht mit
Schaufel und Spaten ausgräbt."

(Spanisches Sprichwort)

---

terron de azucar („Würfelzucker") • *cielo* („mein Himmel")

SÜDAFRIKA

Ich liebe dich auf isiZulu: NGIYAKUTHANDA

Ich liebe Deine Schönheit
(Ngiyakuthanda Ubuhle Bakho)

Ich liebe Deine Schönheit,
Sie leuchtet wie ein Stern am Himmel.
Sie fasziniert mich,
Sie zieht mich an wie ein Magnet.

Deine Augen sind wie Smaragde,
Dein Lächeln ist wie Sonnenschein.
Deine Haut ist weich wie Samt,
Dein Körper ist anmutig wie eine Balletttänzerin.

Du bist das Schönste, was ich je gesehen habe,
Du bist der Grund, warum ich jeden Tag aufstehe.
Ich liebe Dich, ich liebe Deine Schönheit,
Ich werde für immer Dein sein.

("Amazwi Zulu" (Zulu-Worte), Durban, Südafrika, 1885)

SUDAN

Ich liebe dich auf Bari: NAN NYANYAR DO

„Besser eine Mahlzeit aus Gemüse, wo *Liebe* ist, als ein gemästeter Ochse, wo Hass ist."

(Sudanesisches Sprichwort)

TAIWAN

Ich liebe dich auf Taiwanisch: GWA AI LEE

In wenig anderen Ländern ist der Valentinstag so wichtig wie in Taiwan. Im Land der schönen Blumen sind florale Geschenke natürlich das A und O. Das ist dem taiwanesischen Volk jedoch nicht genug – und so feiert man den Valentinstag am 7. Juli gleich noch einmal.

TANSANIA

Ich liebe dich auf Suaheli: NAKUPENDA

„Lasst uns einander lieben und schlechte Leute darüber lästern."

(Suaheli-Sprichwort)

nyongo mkalia ini
(„meine Gallenblase, die auf meiner Leber sitzt"):
Wenn man die Leber eines Tieres essen will, braucht man eine ganz besondere Fähigkeit, um die Gallenblase sauber zu entfernen. Wenn das einem nicht gut gelingt, kann das ganze Essen bitter schmecken. Nyongo mkalia ini ist also eine Person, ohne die das Leben bitter schmeckt.

THAILAND

Ich liebe dich auf Thailändisch: KHAO RAAK THOE
ฉันรักคุณ

In Thailand verbringt das Brautpaar die Hochzeitsnacht zunächst nicht allein. Vielmehr werden alle Hochzeitsgäste mit ins Schlafzimmer genommen. Das älteste Ehepaar darf es sich dann sogar eine Zeit im Bett bequem machen. Im Anschluss daran werden Reis, Münzen, Sesam, eine Schale mit Wasser und ein Steinstößel ins Bett gelegt, die dann drei Tage im Ehebett bleiben müssen. Das soll der Ehe Glück und Fruchtbarkeit schenken.

TIBET

Ich liebe dich auf Tibetisch: NA KIRINLA GAGUIDOU

Gib denen, die du liebst,
Flügel, um wegzufliegen,
Wurzeln, um zurückzukommen,
und Gründe, um zu bleiben.

(Dalai Lama)

---

nyingdu-la („hochverehrtes Gift meines Herzens"): trunken vor Liebe sein

TSCHECHIEN

Ich liebe dich auf Tschechisch: MILUJI TĚ

„Wenn du Essen auf dem Tisch
und *Liebe* im Herzen hast,
kannst du nie lange unglücklich sein."

(Tschechisches Sprichwort)

TÜRKEI

Ich liebe dich auf Türkisch: SENİ SEVİYORUM

„Das Meer kann nicht ohne Wellen sein
und das Herz nicht ohne *Liebe*."

(Türkisches Sprichwort)

---

gözüm („mein Auge")

TUNESIEN

Ich liebe dich auf Tunesisch-Arabisch: NHÄBBEK

نبغيك. تنبغيك

Das Malen mit Henna ist auf tunesischen Hochzeiten weit verbreitet. Kein Wunder: Es soll dem Brautpaar Glück bringen. Die Eröffnungszeremonie findet dabei bereits sechs Tage vor der eigentlichen Feier statt. Dabei malt ein weibliches Mitglied ihrer eigenen Familie der Braut komplizierte Blumen- und Schmetterlingsornamente auf Hände und Füße. Auch am darauffolgenden Tag, bei der sogenannten „Harkous Zeremonie", wird weiter mit Henna gearbeitet, während MusikerInnen traditionelle tunesische Lieder spielen.

UKRAINE

Ich liebe dich auf Ukrainisch: YA TEBE LYUBLYU

я тебе люблю

„*Liebe* wird
einen Weg finden.
Gleichgültigkeit wird eine
Entschuldigung finden."

(Ukrainisches Sprichwort)

UNGARN

Ich liebe dich auf Ungarisch: SZERETLEK

„Im Traum und in der *Liebe* ist nichts unmöglich."

(Arany János)

VENEZUELA

Ich liebe dich auf Spanisch: TE AMO

Auf einer Hochzeit in Venezuela sollten die Gäste besser nicht allzu lange darauf warten, mit dem Brautpaar zu reden – irgendwann könnte es zu spät sein. Das Brautpaar schleicht sich nämlich im Laufe des Abends heimlich von der Feier weg. Sowohl die frisch Vermählten als auch die Gäste profitieren von dieser Hochzeitsabend ohne Brautpaar: Dem Paar bringt es Glück, wenn sie es schaffen, sich davonzuschleichen, ohne dass jemand etwas davon mitbekommt. Den Gästen hingegen soll es Glück bringen, wenn sie das Fehlen der Gastgeber irgendwann bemerken.

VIETNAM

Ich liebe dich auf Vietnamesisch: TÔI YÊU BẠN

„Mit Zorn und Hass reißt man alles nieder,
mit Geduld und *Liebe* aber baut
man aus nichts einen Tempel."

(Vietnamesisches Sprichwort)

WALES

Ich liebe dich auf Walisisch: EAU MANAKO IA KOE

Die Waliser lassen den Valentinstag am 14. Februar aus. Hier wird das Fest der *Liebe* zu Ehren der Schutzpatronin der *Liebe* „St. Dwynwen" und damit am „St. Dwynwen's Day", dem 25. Januar, gefeiert. Um der Schutzpatronin gerecht zu werden, beschenken sich walisische Liebespartner reichlich. Und zwar mit einem ganz besonderen Geschenk: den so genannten Love Spoons. Dabei handelt es sich um filigran geschnitzte Holzlöffel, die oft mit aufwendigen Mustern verziert sind. Im 17. Jahrhundert wurden sie noch von angehenden Schwiegersöhnen genutzt, um den zukünftigen Schwiegervater mit besonders imposanten Schnitzereien zu beeindrucken. Heute sind die Löffel nur noch ein Zeichen der Zuneigung für den Liebsten oder die Liebste.

Printed in Poland
by Amazon Fulfillment
Poland Sp. z o.o., Wrocław
28 August 2023

787708fe-2a8d-428c-9ee2-14f07782e1bcR01